LA
VRAIE LIBERTÉ

CONSÉQUENCE NÉCESSAIRE

DE LA SÉPARATION

DES POUVOIRS TEMPOREL ET SPIRITUEL

PAR

CÉLESTIN DE BLIGNIÈRES

ANCIEN ÉLÈVE DE L'ÉCOLE POLYTECHNIQUE.

> C'est une *expérience* éternelle que tout homme qui a du pouvoir est porté à en abuser ; il va jusqu'à ce qu'il trouve des limites. Qui le dirait ! la vertu même a besoin de limites.
>
> MONTESQUIEU (*Esprit des Lois*, XI, c. 4)

PARIS
CHEZ TOUS LES LIBRAIRES
—
1860

À Messieurs Émile et Isaac Pereire, offert par l'auteur (cap.? d'artillerie)

Paris, 27 mars 1863

LA
VRAIE LIBERTÉ

IMPRIMÉ PAR CHARLES NOBLET,
Rue Soufflot, 18.

EN VENTE

EXPOSITION ABRÉGÉE ET POPULAIRE
DE
LA PHILOSOPHIE ET DE LA RELIGION
POSITIVES

Par Célestin de BLIGNIÈRES

Ancien Elève de l'Ecole Polytechnique.

Un vol in-12, de 596 pages, prix : 3 fr. 75 c. — Paris, Chamerot, libraire-éditeur, rue du Jardinet, 13.

PAROLES
DE PHILOSOPHIE POSITIVE
PAR
E. LITTRÉ,
(Membre de l'Institut, de l'Académie Impériale de Médecine, etc.)

Brochure in-8°, prix : 1 franc.

Paris, Adolphe Delahays, libraire, rue Voltaire, 4-6.

TABLE DES MATIÈRES.

                                                    Pages

Avant-Propos. 7

I. — De la Brochure : *le Pape et le Congrès*, et de celle de M. Villemain, membre de l'Institut. 9

II. — De la Brochure de Monseigneur Dupanloup. — Pieux, mais indépendant 14

III. — Conséquences fatales, inévitables, de la concentration des pouvoirs temporel et spirituel, d'où nécessité *générale* de leur séparation. 19

IV. — Continuation du même sujet : réponse à quelques passages de la brochure de Monseigneur Dupanloup. 23

V. — Le clergé cessera d'être ultramontain, quand on le forcera de s'élever dans les sciences. 27

VI. — Grand intérêt du moment, et grande création populaire que comporte l'époque 34

Conclusion. 43

AVANT-PROPOS.

—

Il m'en a coûté pour me décider à intervenir dans ce débat qui, aujourd'hui, préoccupe si vivement les esprits; et ce n'est pas sans avoir longtemps combattu le désir très-vif que j'en avais, que m'en donnait tout ce que je voyais, lisais, entendais, que je me suis décidé à le faire.

Si donc, malgré les motifs d'abstention qui résultent des circonstances particulières dans lesquelles je me trouve, malgré le regret que me cause l'interruption d'études, de travaux entrepris, et les inconvénients divers qui en peuvent résulter, je me suis décidé à prendre la parole et à me mêler aux événements, aux discussions du jour, c'est, d'une part, que je ne pouvais ne pas reconnaitre l'importance, la gravité du débat, ainsi que la nécessité impérieuse et pressante d'une solution ; et c'est, d'autre part, que, par suite de mes études, de mes travaux, de mes réflexions antérieures, et des connaissances qui en sont résultées, je voyais bien que ce qui était, pour d'autres, obscur, incertain, douteux, extraordinaire, était, pour moi, clair, sûr et parfaitement naturel : « *J'ai posé les principes,* a dit Montesquieu, *et j'ai vu les cas particuliers s'y plier comme d'eux-mêmes, les histoires de toutes les nations n'en être que les suites.* »

I

De la brochure *le Pape et le Congrès*, et de celle de M. Villemain, membre de l'Institut.

Je suis loin de partager, sur beaucoup de points, les idées, les vues, les sentiments de l'auteur de la brochure *le Pape et le Congrès*. Il y a, entre nous, de profondes divergences, et j'aurai, tout naturellement, occasion d'indiquer les principales dans le cours de cet écrit. Il n'en est pas moins vrai, cependant, que cette brochure m'a été sympathique, que je l'ai lue avec plaisir ; et, en la comparant avec toutes les idées courantes sur le même sujet, il est évident qu'elle en renferme tout ce qui s'y trouve de plus raisonnable, de plus sensé. En outre, tout esprit véritablement honnête, désintéressé, et quelque peu éclairé et pénétrant, reconnaîtra, quoi qu'en disent Mgr Dupanloup et M. Villemain, que le ton en est parfaitement convenable ; qu'il y règne une bonne volonté générale très-sincère, très-réelle, ainsi qu'un sentiment juste et profond des difficultés de la situation, de la crise qu'il s'agit de traverser, et dont il est très-important de sortir le mieux ou le moins mal possible.

Parmi les écrits qu'a fait surgir cette première brochure, se placent aux premiers rangs : d'abord, la lettre de Mgr Dupanloup, évêque d'Orléans, ensuite la brochure de M. Villemain, membre de l'Institut.

Cette dernière a été, sans nul doute, un étrange événement. Quel spectacle, quel enseignement, que de voir M. Villemain, membre de l'Institut, sceptique et incrédule, à ce que croient bien des gens (il évite dans sa brochure de dire *positivement* s'il est catholique sincère, s'il accepte les miracles, les dogmes catholiques, la confession, etc.), que de voir, dis-je, M. Villemain, en réalité pour satisfaire ses rancunes, ses haines, démentir son passé, soutenir cette concentration désastreuse du pouvoir temporel et spirituel, s'efforcer d'exciter, d'inquiéter, d'alarmer les catholiques, et se prétendre encore un défenseur, un apôtre de la liberté! La liberté, monsieur Villemain, vous l'aimez comme vous aimez le peuple, comme vous aimez la vérité. Vous parlez de pays plus grands que l'Italie sans être plus libres : l'on est plus libre, beaucoup plus libre à Paris qu'à Rome, monsieur Villemain, parce qu'à Paris les pouvoirs temporel et spirituel ne sont pas, comme à Rome, concentrés dans les mêmes mains, et, quand vous soutenez le contraire, l'existence même de votre brochure prouve la fausseté de votre assertion.

Sous le rapport des idées, des arguments, cette brochure de M. Villemain est parfaitement insignifiante. Ce qu'elle renferme de plus important est cette citation de Voltaire : « Le temps a donné au Saint-Siège des droits aussi réels sur ses Etats que les autres souverains de l'Europe en ont sur les leurs. » Aussi *réels* sans doute que ceux, par exemple, du comte de Chambord sur le trône de France, *mais pas plus*. De tels droits ne sont guère propres, assurément, à toucher la nation française.

C'est en vérité tout ce qu'il y a à dire sur la brochure de M. Villemain. Quant à celle de Mgr Dupanloup, elle mérite plus d'attention, et c'est à elle que je répondrai spécialement.

II

De la brochure de Mgr Dupanloup. — *Pieux, mais indépendant.*

« Il faut un visage ici ; il faut des yeux dont on puisse connaître le regard ; un homme enfin à qui on puisse demander compte de ses paroles, » dit, en terminant sa lettre-brochure, Mgr l'évêque d'Orléans.

Cette fois, Monseigneur, vous serez servi à souhait. Celui qui *ose* ici répondre à votre brochure n'a, il l'a déjà dit, écrit et imprimé, rien, absolument rien à cacher ; et dans des circonstances pour lui autrement délicates, graves et solennelles, il a dédaigné tout calcul. Mais, direz-vous, ou peut-être penserez-vous sans le dire, c'est un petit personnage, et ce n'est pas à de telles gens qu'il appartient de se poser en face de moi ; de moi évêque ; de moi lumière du monde, officiellement chargé par Dieu d'éclairer et de diriger toute l'Europe, comme le prouve sans doute, à vos yeux, le palais que vous habitez, les magnifiques vêtements qui vous couvrent, et la pompe qui vous environne quand vous paraissez en public. Et aussi faut-il en face de vous des têtes couronnées, ou qui les approchent.

Sans avoir ni désirer tant d'honneur, peut-être, Monseigneur, ne suis-je pas aussi à dédaigner qu'au premier abord Votre Grandeur sera disposée à le croire. Mais, sans insister autrement sur ce point, voici près de trois ans que j'ai écrit : « Cette estime que je me suis efforcé de mériter, elle m'a été donnée, et par ceux-là surtout que moi-même j'estimais ; » et rien qu'à ce titre je me crois, ainsi que tout ce que je vais avoir l'honneur de vous dire, digne de votre plus sérieuse attention.

L'auteur de la brochure *le Pape et le Congrès* s'étant dit *catholique sincère*, et ayant écrit (page 39) : « Il est permis aux esprits *pieux, mais indépendants*, de discuter son plus ou moins d'étendue (l'étendue du domaine temporel du Pape), » vous rapprochez et reproduisez, en la soulignant, comme je viens de le faire, cette double formule.

Dans un autre endroit de votre brochure, vous annoncez ce que sera, ou ce que serait, dans tel ou tel cas, le jugement de l'histoire, de la postérité. Les paysans et les dévotes de votre diocèse peuvent croire qu'après que vous avez parlé, il n'y a plus aucun doute à avoir; mais connaitre au juste, Monseigneur, le jugement de la postérité, c'est en vérité une bien grande affaire; et serez-vous vraiment étonné si, après que vous aurez annoncé quel il sera, les esprits cultivés conservent encore quelque doute.

Vous êtes évêque, c'est vrai; mais combien de vos prédécesseurs se sont trompés ! et, par exemple, quelle ne fut pas l'erreur de ceux qui jugèrent Pascal et Claude Fleury. Ici, Monseigneur, le doute n'est plus possible : voilà deux grands hommes, deux hommes de génie, connus et respectés de toutes les personnes instruites, quand les évêques, leurs juges, sont ensevelis dans le plus profond oubli, et ne pourraient être connus que pour être flétris et condamnés, à cause au moins de la part qu'ils prirent à l'odieuse persécution soufferte par ces grands hommes, et eussent-ils d'ailleurs rendu quelques services.

Pascal et Claude Fleury sont assurément d'admirables exemples d'esprits « pieux, mais indépendants; » et leur instructive histoire, qu'ignorent les paysans et les femmes de votre diocèse et des autres, car, hélas ! vous et vos collègues vous avez le monopole de leur instruction; et leur instructive histoire, dis-je, montre, de la manière la plus claire, la plus évidente, ce que les esprits « pieux, mais indépendants, » ont eu, de tout temps, à attendre de la cour de Rome, et ce qu'ils pensent de son pouvoir temporel. Il est impossible, Monseigneur, que vous ne sachiez pas à quel point il serait aisé de multiplier les citations, je me bornerai à deux seulement, qui semblent avoir été écrites exprès pour éclaircir, pour bien faire comprendre ce débat :

Voici d'abord ce qu'a écrit Pascal :

« J'ai craint que je n'eusse mal écrit, me voyant condamné; mais *l'exemple de tant de pieux écrits* me fait croire au contraire. Il n'est plus permis de bien écrire.

Toute l'inquisition est *corrompue* ou *ignorante*. Il est meilleur d'obéir à

Dieu qu'aux hommes. Je ne crains rien ; je n'espère rien. Le Port-Royal craint, et c'est une mauvaise politique de les séparer : car, quand ils ne craindront plus, ils se feront plus craindre.

Le silence est la plus grande persécution. Jamais les saints ne se sont tus. Il est vrai qu'il faut vocation : mais ce n'est pas des arrêts du conseil qu'il faut apprendre si l'on est appelé ; c'est de la nécessité de parler.

Si mes lettres sont condamnées à Rome, ce que j'y condamne est condamné dans le ciel.

L'inquisition et la société (des jésuites) *sont les deux fléaux de la vérité.*

On m'a demandé, premièrement, si je ne me repens pas d'avoir fait les *Provinciales*. Je réponds que, bien loin de m'en repentir, si j'étais à les faire, je les ferais encore plus fortes. »

(*Pensées* de Blaise Pascal. — Paris, 1823, t. II, page 234.)

Telle est ma première citation. La seconde est de Claude Fleury :

« Jésus-Christ, en établissant son Évangile, n'a rien fait par force, mais tout par persuasion, suivant la remarque de saint Augustin. Il a dit que son royaume n'était pas de ce monde, et n'a pas voulu seulement se donner l'autorité d'arbitre entre deux frères. Il a ordonné de rendre à César ce qui était à César, quoique ce César fût Tibère, non-seulement païen, mais le plus méchant de tous les hommes. En un mot, il est venu réformer le monde en convertissant les cœurs, sans rien changer dans l'ordre extérieur des choses humaines. Ses apôtres et leurs successeurs ont suivi le même plan, et *ont toujours prêché aux particuliers d'obéir aux magistrats et aux princes;* et aux esclaves d'être soumis à leurs maîtres, bons ou mauvais, chrétiens ou infidèles. *Ce n'est qu'après plus de mille ans*, vous l'avez vu, *qu'on s'est avisé de former un nouveau système*, et d'ériger le chef de l'Église en monarque souverain, supérieur à tous les souverains, même quant au temporel : car s'il a le pouvoir de les établir et de les déposer, en quelque cas et avec quelque formalité que ce soit, par puissance directe ou indirecte : s'il a, dis-je, ce pouvoir, il faut le dire sans détour, il est seul véritablement souverain ; et pendant mille ans l'Église a ignoré ou négligé ses droits. »

(*Discours sur l'histoire ecclésiastique*, par M. l'abbé Fleury, ci-devant sous-précepteur du roi d'Espagne, de Mgr le duc de Bourgogne et de Mgr le duc de Berry. — Paris, 1708, page 325.)

La manière dont vous en avez parlé, Monseigneur, donnant à penser que vous n'aviez pas grande confiance dans la piété indépendante de l'auteur de la brochure *le Pape et le Congrès*, je l'ai donc laissée de côté, et j'ai reproduit ces citations parce qu'elles me paraissent montrer, et de la manière la plus péremptoire, quelle serait, dans le débat actuel, l'opinion de tout esprit *supérieur*, pieux, mais indépendant, et quelle sera certainement celle de tout esprit cultivé, honnête, désintéressé, et assez pénétrant pour n'être pas la dupe de la coterie qui s'efforce de faire croire que l'*on a fait* (voir page 30 de la brochure de Mgr l'évêque d'Orléans) révolter contre le pape ses provinces; que ce n'est donc pas d'elles-mêmes qu'elles se sont révoltées, et que se révolteraient celles qui sont encore soumises, si elles n'étaient maintenues, sous un joug détesté, par une force étrangère et anti-nationale.

Vous avez raillé, Monseigneur, les prétentions de l'auteur de la brochure *le Pape et le Congrès* à la piété indépendante et à la sincérité; mais, assurément, vous n'êtes pas vous-même sans avoir des prétentions à la piété, à l'indépendance, à la sincérité; et certes, vous ne pensez pas qu'il serait juste que vous eussiez le monopole de telles prétentions, et que les vôtres seules, indépendamment de tout examen, fussent prises au sérieux. Eh bien, moi aussi, Monseigneur, j'ai des prétentions à la *piété*, à la *sincérité*, à l'*indépendance*. Elles ne sont pas nouvelles; et nées seulement pour le besoin de cette cause, de cette discussion. Il y a trois ans que je les ai exposées publiquement, et inconnues de vous, sans doute, mais connues de beaucoup d'autres, elles ont été parfaitement comprises, respectées, trouvées naturelles et légitimes par des personnes très-haut placées sous tous rapports, et très-dignes de l'être.

Ce que j'entends par l'indépendance et la sincérité, ainsi que par mes prétentions y relatives, est évident de soi, sera compris de même par tout le monde, et n'a donc besoin d'aucune explication : mais il n'en est pas de même de mes prétentions à la piété.

Je suis pieux à ma manière, Monseigneur, et ma manière est différente de la vôtre. Pour vous faire comprendre la mienne, je vous citerai une définition de la piété que j'ai lue quelque part, il y a longtemps, que j'ai beaucoup méditée, que je trouve excellente (ce qui ne m'empêche pas de penser qu'elle peut comporter des explications, et peut-être même quelque perfectionnement), et qui probablement ne se trouve pas dans les livres que vous lisez habituellement. Cette définition dit de la piété qu'elle est l'*ensemble de tous les bons sentiments*. Mes prétentions à la piété reviennent donc alors à la prétention de présenter un ensemble satisfaisant de tous les bons sentiments ; et comme cependant je suis loin de me croire parfait, je m'efforce de cultiver, d'accroître tous les bons sentiments que je sens, que je trouve, que je reconnais en moi.

Ainsi donc, Monseigneur, si je suis pieux et indépendant, ce n'est pas comme l'entend l'auteur de la brochure *le Pape et le Congrès*. Effectivement, vous et les vôtres vous êtes puissants, peut-être pas tant que vous le croyez, mais enfin vous êtes puissants, aussi faut-il du courage et du désintéressement pour dire que l'on n'est pas catholique, quand on ne l'est pas : mais je passe pour ne manquer ni de courage ni de désintéressement, et il y a déjà longtemps que j'ai dit que j'étais pieux, mais pieux à ma manière, et non catholique.

Quant à ce que je suis, ce que je crois avoir de mieux à faire pour vous le faire savoir en le moins de mots et aussi exactement que possible, c'est de vous dire que quelques-uns, et pas des moindres par la position et le talent, m'appellent philosophe, ce que je regarde comme une grande gloire, comme un insigne honneur, dont je m'efforce de me rendre aussi digne que possible.

Je sais, Monseigneur, que vous ne faites aucune distinction parmi tous ceux que vous flétrissez du nom de révolutionnaires et d'impies, et que vous comprenez vos fonctions, votre mission, comme consistant surtout à entretenir, à exciter, à développer l'horreur, la haine contre cette catégorie de gens dans laquelle je me trouve donc compris. Mais, à cet égard, j'ai une observation à vous soumettre.

En certain endroit de votre brochure, comme déjà j'ai eu l'occasion d'en faire la remarque, vous menacez du jugement de la postérité. Donc, en laissant de côté le jugement de Dieu, qui, quelles que soient les croyances, doit toujours rester plus ou moins incertain, et ne peut être jamais pour personne susceptible de vérification, vous reconnaissez que c'est, en définitive, la postérité qui est le grand juge des contemporains d'une même époque, que c'est elle qui prononce en dernier ressort. Eh bien, Monseigneur, voilà un point commun entre nous, et à ma grande satisfaction, car il n'y en a pas beaucoup. En effet : « C'est aussi le sentiment religieux, ai-je écrit (vous savez que je suis religieux à ma manière ; religieux ou pieux, c'est presque la même chose, et l'un entraîne l'autre), qui dans nos préoccupations donne tant de place à nos successeurs et pour eux nous anime au travail : pour eux, nos descendants, nos héritiers, mais nos *juges* aussi! En toute puissance et en toute compétence prononçant entre nous, ce sont ceux qui diront : Celui-là fut le bon, celui-là le mauvais ; celui-là a bien travaillé, cet autre n'a rien fait ou n'a fait que du mal : qu'il soit donc oublié ! Mais pour celui qui s'est dévoué à nous, gloire à sa mémoire, et béni soit son nom! »

Ceci posé, soient maintenant, Monseigneur, ces deux hommes, par exemple : Guillaume le Taciturne et Philippe II. Ils doivent être certainement pour vous, et au plus haut degré, l'un, un impie et un révolutionnaire, l'autre, un homme *pieux*. Cependant la postérité ne dit-elle pas que Philippe II fut un exécrable et sanguinaire tyran, et Guillaume un admirable héros? « Mon Dieu, ayez pitié de mon pauvre peuple, » s'écria ce grand et généreux citoyen, mortellement frappé par l'infâme assassin qui venait de communier, et dont le pieux tyran, qui lui avait commandé le crime, comme récompense, anoblit la famille !

Les histoires de Guillaume le Taciturne, de son assassin Balthazar Gérard et de Philippe II, sont encore des histoires qu'ignorent, comme celles de Pascal et de Claude Fleury, les paysans et les dévotes, mais que savent tous les esprits cultivés et dont ils comprennent le sens et la portée.

Quoi qu'il en soit, je suis donc, pour vous, un révolutionnaire et un impie, tandis que moi, je prétends être — philosophe, je n'ose qu'à peine le dire, — mais pieux et révolutionnaire dans le bon sens de ce mot (vous verrez que vous finirez par le réhabiliter) : c'est-à-dire également ami de l'ordre et du progrès, que j'ai défini : *l'ordre devenant de plus en plus parfait*. Je m'avoue donc philosophe, c'est-à-dire incrédule et impie, comme l'entendent les catholiques, ou certains catholiques; et avant d'entrer dans les explications qui font l'objet propre de cet écrit, je crois devoir répondre à une double considération, à une fin de non-recevoir, qui fait partie des habiletés de votre polémique, ou plutôt de votre politique.

N'étant pas catholique, vous êtes alors, dites-vous, un ennemi de la religion, et, par suite, vous êtes incompétent dans la question, comme mal intentionné d'abord, et ensuite comme ignorant, ou connaissant mal la religion catholique et ce qui lui convient.

Un adversaire, Monseigneur, n'est pas toujours un ennemi. Je ne suis pas catholique, c'est vrai, mais cela ne m'empêche pas de penser qu'il y a, et des catholiques parfaitement respectables, et d'autres qui ne le sont pas du tout; et je crois qu'il en est de même parmi ceux qui, se disant ou s'étant dits philosophes, ont été regardés comme tels, non sans doute par une postérité suffisamment reculée, mais par un plus ou moins grand nombre de leurs contemporains, ou de leurs successeurs immédiats.

Si je suis un adversaire convaincu et loyal de la religion catholique, je n'en suis donc pas un ennemi. Mes études, mes réflexions et mes observations m'ont appris à la respecter, quand elle est bien et honorablement comprise, en même temps qu'à n'y pas croire; et s'il s'agissait pour elle de soutenir une prétention, un droit légitime; si, par exemple, au lieu de crier à l'oppression parce que l'on ne veut pas être, sous la direction de ses représentants du moment, un instrument d'oppression; si, dis-je, elle réclamait elle-même justement contre une oppression réelle, comme je veux de la liberté pour mes adversaires tout autant que pour moi, je combattrais avec elle et pour elle. Et je crois certainement qu'il y aurait lieu de le faire, si je le pouvais, dans quelques Etats de l'Europe.

Ainsi donc, je ne suis pas incompétent, comme mal intentionné, et l'insistance sur une telle considération me semble peu digne et peu morale. Sous un autre point de vue, comme citoyen, comme publiciste, ce n'est pas un droit, c'est un *devoir* pour moi d'intervenir dans ce débat, d'y apporter à la cause que je défends, à ce que je sens être, les intérêts sacrés de la vérité, de la justice, tout l'appui qu'il peut être en moi de donner. Et telle est la considération qui, comme j'ai dit en commençant, et malgré les motifs particuliers d'abstention que je pouvais avoir, m'a décidé à prendre la plume.

Quant à ne pas connaître la religion catholique, c'est encore un point, Monseigneur, que je ne puis vous accorder. Ce que j'ai dit et écrit sur le catholicisme, quand même cela n'a pas convaincu, a du moins toujours donné à penser que j'en avais, au contraire, une connaissance approfondie, et qui est d'ailleurs constamment entretenue, et accrue autant que possible. Mais en vérité, à qui ferez-vous croire que j'ignore cette religion dans laquelle j'ai été élevé ; que je l'ignore, malgré cette bible de ma bibliothèque, surchargée de notes, malgré les ouvrages, qui se trouvent, auprès des principaux pères de l'Église, des grands docteurs du moyen âge, ou écrits sur eux, et de leurs plus importants successeurs ; malgré enfin cette *Imitation* toujours sur ma table, et que quelques personnes, pieuses cependant comme vous l'entendez, Monseigneur, ont pu trouver que je savais par trop bien ?

Mais il est vrai qu'en mettant à part votre première protestation, que je ne me rappelle que vaguement, et votre dernière brochure, l'auteur ecclésiastique le plus moderne que j'aie lu est Claude Fleury, mort en 1725 ; et que c'est donc sans savoir même s'il y a des ouvrages de vous et de vos collègues que j'ai la prétention de connaître la religion catholique. C'est qu'en effet cette religion, dont l'existence est pour le moindre esprit quelque peu cultivé et capable de réflexion un fait immense dans l'histoire de l'humanité, une source inépuisable d'études et d'enseignement, c'est, dis-je, que cette religion consiste essentiellement, non dans ce qu'il peut convenir d'en faire, à vous et à quelques autres, nos contemporains, mais dans ce que le montre l'étude approfondie des ouvrages et de la doctrine des *grands* hommes qui l'ont successivement fondée, appliquée et perfectionnée. Et j'ai pleine confiance que, ni maintenant le public éclairé, un très-petit nombre excepté, ni plus tard la postérité, ne jugeront extravagante cette manière de voir, non plus que la prétention de mieux comprendre l'esprit de la religion catholique que vos admirateurs, et d'en mieux continuer le rôle et la mission.

III.

Conséquences fatales, inévitables, de la concentration des pouvoirs temporel et spirituel, d'où nécessité générale de leur séparation.

Dans ce débat sur le pouvoir temporel du pape, débat qui a été imposé à la France par les événements, en dehors de toute volonté, et des prévisions de tous, un petit nombre de penseurs excepté, il est remarquable qu'on n'ait vu qu'une question particulière, et devant être exclusivement décidée par des considérations particulières, non par des vues générales, par un principe général. Ceux qui savent combien toute généralisation est difficile pour l'esprit humain, combien elle exige de temps et d'efforts, n'en peuvent être étonnés. Mais j'espère bien que la discussion actuellement engagée, en élevant, en agrandissant et aussi en calmant ce débat, montrera, en même temps que les difficultés d'une solution complète, sa haute importance, la généralité, les applications qu'elle comporte, et qui, maintenant, ne sont pas même soupçonnées.

J'ai traité ailleurs, avec tous les développements et tous les éclaircissements qu'elle exige, la grande question de la division du pouvoir en temporel et en spirituel : ici, je ne puis qu'exposer des résultats, et présenter seulement quelques considérations principales.

Ainsi que l'ont reconnu tous les penseurs qui, comme Montesquieu, Condorcet, de Maistre, ont profondément médité sur l'organisation plus ou moins convenable des sociétés humaines, aboutissant toujours à une plus ou moins grande somme de bonheur pour les individus qui en font partie, la division ou la concentration des différents pouvoirs doit résulter de la *nature des choses*, c'est-à-dire qu'elle doit être déterminée par les conséquences que l'observation et le raisonnement démontrent se produire par suite de telle ou telle division, de telle ou telle concentration. Or, l'histoire *prouve* que si la concentration des pouvoirs temporel et spirituel a pu, dans certaines circonstances, être *momentanément*, ou convenable, ou sans danger, elle a toujours fini par amener l'oppression, puis la décadence; et, au contraire, plus la séparation entre les pouvoirs temporel et spirituel a été complète, plus il y a eu de véritable liberté, et, avec le temps, de prospérité et de progrès. La conclusion est alors évidente; et le principe de politique pratique qui en résulte se pose de lui-même.

Dans le cas particulier qui a donné lieu au débat actuel, l'auteur de la brochure *le Pape et le Congrès* reconnaît, comme conséquence de la concentration des pouvoirs temporel et spirituel : l'impossibilité de vivre politiquement, de perfectionner les institutions, de participer au mouvement général des idées, de bénéficier des transformations du temps, des conquêtes de la science, des progrès de l'esprit humain ; puis, l'enchaînement des lois aux dogmes, l'activité paralysée par la tradition, la condamnation du patriotisme par la foi : le monde marchant et laissant la nation en arrière, tout s'éteint chez le peuple, et il ne reste rien en lui des généreuses activités de la vie publique.

Ce tableau est admirable, parfaitement exact, et tracé de main de maître. Ce qu'il y a de plus important à y ajouter, c'est que ce n'est pas là seulement un fait isolé et particulier, mais que c'est l'histoire de toutes les théocraties, tant anciennes que modernes, celle de tous les pays, où, par suite de l'organisation sociale, les pouvoirs temporel et spirituel ont été, non pas seulement en principe, mais effectivement, concentrés dans les mêmes mains. C'est donc là un fait général, une *loi*, et la plus importante peut-être des *lois naturelles* auxquelles sont assujettis les phénomènes sociaux.

Mais, tant au point de vue de l'intelligence de ce grand principe qu'à celui des applications qu'il comporte, il y a ici une remarque essentielle à faire. En effet, les pouvoirs temporel et spirituel sont, *en principe*, concentrés dans les mêmes mains à Saint-Pétersbourg et à Londres, par exemple, aussi bien qu'à Rome; cependant les conséquences qui se produisent à Rome, que j'ai dites fatales et nécessaires, ne se montrent pas à Saint-Pétersbourg, ni surtout à Londres.

Outre qu'il serait, jusqu'à un certain point, exact de dire que c'est une affaire de temps, l'explication de cette apparente anomalie résulte de ce que, à Saint-Pétersbourg et à Londres, c'est le pouvoir temporel qui a ajouté à ses fonctions l'autorité spirituelle, mais comme attribution complémentaire et secondaire. Or, tout l'ensemble du passé humain concourt à démontrer que, dans ce cas, la concentration est infiniment moins intense que quand c'est, au contraire, l'autorité spirituelle qui usurpe le pouvoir temporel. On conçoit alors qu'une concentration moindre, étant, quoique toujours vicieuse, compatible cependant avec plus de liberté, le soit aussi avec plus de progrès. Et que peut-il y avoir de plus propre à faire sentir la réalité et la justesse de cette remarque que ce qui se passait en Europe, il y a un siècle environ? C'était l'impératrice de Russie, mais une femme de génie, Catherine II, qui pourvoyait à l'existence de Diderot, le fondateur et le principal auteur de l'*Encyclopédie*, méconnu et laissé sans ressources dans sa patrie ; et en Angleterre les membres les plus distingués de l'aristocratie soutenaient, protégeaient, les philosophes les plus hardis, les plus avancés, Hume, Gibbon, et les poussaient à la fortune et aux honneurs.

Cependant, et quelque peu réelle que puisse être dans la pratique cette concentration des pouvoirs temporel et spirituel, je crois que le principe seul en est mauvais, et que la croyance à la nécessité de la séparation, en principe et en fait, de ces pouvoirs, est le grand progrès qu'il y a à faire dans les idées politiques.

Cette séparation d'ailleurs a été admirablement comprise et réalisée, dans les temps modernes, par un des hommes les plus extraordinaires qui aient jamais existé, par le Grand Frédéric. C'est ce que je laisserai exposer par une plume plus autorisée que la mienne, par celle d'un des derniers hommes de génie qui aient honoré l'humanité, du philosophe Kant. La citation paraîtra peut-être un peu longue, mais l'extrême intérêt qu'elle me paraît avoir dans les circonstances où nous nous trouvons, ne m'a pas permis d'abréger davantage.

Nota. — Les mots en italique le sont également dans l'ouvrage cité, sauf les deux dernières phrases qui sont en italique seulement dans cette reproduction.

« Un grand prince (le Grand Frédéric), qui ne trouve pas indigne de lui de proclamer qu'il regarde *comme un devoir* de ne rien prescrire aux hommes en matière religieuse, de leur laisser au contraire toute liberté, est lui-même éclairé, et mérite d'être regardé, par tous ceux qui sont accessibles à la reconnaissance, et par la postérité, comme celui qui, le premier, émancipa le genre humain, du côté du gouvernement du moins, et laissa chacun libre d'user de sa propre raison en tout ce qui est affaire de conscience. Sous son règne, les clercs vénérables eurent le droit, sans préjudice pour les devoirs de leur ministère, d'exposer librement et publiquement, en qualité de savants, leurs opinions et leurs vues critiques sur le Symbole reçu. A plus forte raison, tout autre qui n'est retenu par aucun devoir d'emploi jouit-il de ce droit. Cet esprit de liberté va même plus loin, puisqu'il s'étend jusqu'aux matières sur lesquelles il peut rencontrer, comme obstacle extérieur, un gouvernement qui s'abuserait sur sa mission. Il existe cependant, pour un pareil gouvernement, un exemple qui prouve qu'il n'y a pas la moindre chose à craindre de la liberté pour la tranquillité publique et l'union des citoyens : les hommes se dépouillent insensiblement et par eux-mêmes de la grossièreté, pourvu seulement qu'on ne travaille pas dans le dessein de les y maintenir.

J'ai placé le point culminant de la civilisation et de l'état des hommes qu sortent d'une tutelle imputable à eux seuls, dans les *questions religieuses*[1], particulièrement par la raison qu'en matière d'arts et de sciences nos dominateurs n'ont aucun intérêt à jouer à la tutelle sur leurs sujets. Il y a plus, c'est que la tutelle, en matière religieuse, est de toutes la plus nuisible et partant la plus honteuse. Mais la façon de penser d'un souverain qui favorise la liberté religieuse va plus loin encore ; il s'aperçoit que sa *législation* ne court aucun péril en permettant à ses sujets de faire un usage *public* de leur propre raison, et de faire part au monde de leurs pensées sur une meilleure constitution civile, tout en critiquant loyalement celle qui existe. Nous avons encore là un éclatant exemple qui n'a été donné jusqu'ici que par notre vénéré souverain.

Mais aussi celui-là seul qui est éclairé, n'a rien à craindre des ténèbres; ayant sous sa main une armée nombreuse et bien disciplinée pour maintenir l'ordre public, il peut dire ce qu'une république n'oserait pas hasarder : *Raisonnez tant qu'il vous plaira et sur quoi vous voudrez; seulement obéissez*. On voit en cela une marche étonnante, sinon imprévue, des choses humaines, comme aussi, lorsqu'on vient à la contempler en grand, presque tout y semble paradoxal : *Un plus haut degré de liberté politique paraît favorable à la liberté de l'esprit public, et cependant il y met des bornes insurmontables; un moindre degré de liberté politique lui permet au contraire de s'étendre de toutes ses forces.* »

(Fragments relatifs au droit : *Qu'est-ce qu'être éclairé?* — Traduit par J. Tissot. — Paris, 1855, p. 333.)

---

[1] Le sens est sans doute : dans la libre discussion des questions religieuses.

Enfin, je ne puis terminer ce chapitre sans rappeler que Carrel, la plus grande réputation politique de nos jours, comprenait de même la séparation des pouvoirs temporel et spirituel. L'admirable jugement qu'il portait sur l'administration de Cromwell suffirait seul à le prouver.

Il fut heureux, dit-il, pour l'Angleterre, qu'un tel homme (Cromwell) prît sur lui la responsabilité d'une violence inévitable, parce que l'ordre vint de l'usurpation au lieu de l'anarchie, et que l'ordre est nécessaire. Il fallait ici de la sécurité, du repos, une grandeur qui imposât aux ennemis extérieurs de la révolution et aux intérêts commerciaux, ennemis de ceux de l'Angleterre. Il fallait une administration qui comprît tous les partis et n'appartînt à aucun, *qui fût instruite de toutes les idées de ce temps, et n'en professât exclusivement aucune.* »

(*Histoire de la contre-révolution en Angleterre*, introduction, p. 60.)

IV

Continuation du même sujet : réponse à quelques passages de la brochure de Mgr Dupanloup.

Toute la dialectique de Mgr Dupanloup, quand ce ne sont pas des menaces et des injures, se réduit à des pourquoi? On expose les conséquences de la concentration des pouvoirs temporel et spirituel : pourquoi tout cela, s'il vous plaît? dit Mgr l'évêque d'Orléans.

Mais, Monseigneur, y a-t-il d'abord à répondre, ce sont des faits prouvés par l'*observation*. Pour les reconnaître, il suffit d'observer, de *voir* ce qui se passe; et quand même on n'aurait aucune explication à en donner, un fait bien constaté n'en existe pas moins pour cela. Eh quoi! ne sauriez-vous pas qu'il y a bien des choses, quelquefois cependant très-sûres et très-réelles, qui ne comportent pas de pourquoi? Que répondriez-vous à un aveugle qui, refusant de croire à la lumière du soleil, vous dirait : Mais pourquoi le soleil éclaire-t-il? Ou encore, que répondriez-vous à un enfant à qui vous expliqueriez la création du monde, et qui vous dirait : Pourquoi Dieu a-t-il eu l'idée, la volonté de créer le monde?

Ce premier point établi, je passe maintenant à un autre ordre de considérations.

Il y a maintenant en France bien des milliers de personnes, et c'est la partie éclairée de la nation, qui savent, depuis leur enfance, que toutes nos connaissances réelles sont fondées sur l'*observation* et le *raisonnement,* et que l'esprit humain ne peut jamais arriver au *pourquoi* des choses, mais seulement au *comment*. Et l'on enseigne dans tous les lycées, je le pense et je l'espère, que cette profonde et puissante conception, le plus grand événement des temps modernes, est due, non pas à des évêques, mais à Bacon et à Descartes (qui craignait bien plus qu'il n'aimait les évêques catholiques), deux des plus grands génies qui aient jamais existé.

Ainsi donc c'est l'observation, Monseigneur, qui d'abord constate, puis le raisonnement qui explique et démontre les conséquences que vous ne voulez pas voir de la concentration des pouvoirs temporel et spirituel. Et puisque vous demandez le pourquoi, voici quelques explications qui peuvent parfaitement se placer sous un *parce que*, quoique, à vrai dire, et en philosophie rigoureuse, ce ne soit réellement, comme je viens de l'expliquer, que le *comment*.

De la concentration des pouvoirs temporel et spirituel, il résulte nécessairement une autorité dont les actes et les moindres décisions ne comportent aucun contrôle, aucune discussion, ni aucun appel. Une fois qu'il a été prononcé par une telle autorité sur le vrai ou le faux, le bien ou le mal, quelles que soient les protestations du sens intime, de la conscience, il faut, qu'on accepte ou non la décision, ce qui ne dépend nullement de soi, paraître l'accepter, et agir comme si on l'acceptait. Or, rien de plus oppressif, de plus injuste, de plus dégradant, ni de plus contraire aux intérêts généraux de l'humanité et à la véritable morale.

In necessariis unitas, in dubiis libertas, dit une admirable maxime; dans les choses nécessaires, unité; dans les douteuses, liberté. Il y a donc des choses douteuses. Or, la concentration des pouvoirs temporel et spirituel supprime, peut-on dire, les choses douteuses (il est évident que pour vous, par exemple, Monseigneur, il n'y a pas de choses douteuses), et par suite la liberté dans les choses douteuses : car elles restent telles, bien que non reconnues pour douteuses. De là donc, non-seulement tel péché sera plus puni qu'un délit ou un crime, mais encore sera dit péché ce qui n'en sera pas, et ce qui même pourra être, en réalité, un acte de vertu, d'abnégation, du plus sublime dévoûment.

Mais, dites-vous : « *Est-ce que les écrivains ne doivent pas respecter les lois de la vérité? Est-ce que l'ordre social et l'ordre* divin sont antipathiques? »

Vous semblez, Monseigneur, n'avoir pas osé dire le mot. Il est évidemment celui-ci : Est-ce que nous ne sommes pas infaillibles ? Il est impossible que vous n'ayez pas compris que c'est à cette question que revenaient celles que vous faites. Mais peut-être avez-vous été empêché de le dire par le souvenir de ce que pense Montesquieu de l'infaillibilité des papes qu'il met au nombre des « trois choses incroyables parmi les choses incroyables. » (*OEuvres complètes*. — Paris, 1856, t. II, p. 462.)

Ces lois de la vérité, cet ordre divin, ce ne sera jamais, Monseigneur, que ce que vous, ou le pape, vous et quelques autres, *vous croirez*, vous aurez décidé être les lois de la vérité, l'ordre divin. Et l'histoire des antipodes, et l'histoire de l'immobilité du soleil, qui vous sert pour une comparaison aussi inexacte que prétentieuse, et l'histoire d'Alexandre VI, d'Alexandre Borgia, et tant d'autres, et le moyen après tout cela de croire à votre infaillibilité en science et en vertu? En vérité, je ne comprends pas que cela puisse être possible pour d'autres que pour les paysans et les femmes, bien préparés, par l'instruction que vous leur donnez, à goûter vos écrits, à admettre vos dires, à vous croire sur parole.

« Mais alors, dites-vous, ce n'est pas de Rome, ce n'est pas de l'Italie, ce n'est pas de l'Europe, c'est du monde entier qu'il faut chasser les catholiques. »

Non, la conclusion est mal tirée. Il n'y a nullement à *chasser*, ce qui implique un usage odieux de la force, de la violence; il n'y a nullement lieu, dis-je, à chasser les catholiques de quelque endroit que ce soit. Il faut seulement que la religion ne soit nulle part *imposée par la force;* et que ce qui est, selon quelques prêtres, la vérité et la morale, soit soumis partout, en Italie comme en France, au contrôle et au jugement de tous. Et à quel point, vous-même, Monseigneur, ne prouvez-vous pas combien c'est nécessaire!

Votre brochure est une injure et une menace perpétuelles contre le gouvernement de votre pays, et jusqu'à deux fois vous osez lui dire, en propres termes, de prendre garde! « Professer de tels principes et donner à un gouvernement de tels conseils, dites-vous, c'est le pousser aux abimes. » Vous croyez: le Saint-Esprit vous l'a dit. Que d'autres choses plus importantes pour vous à savoir que celle-là il a oublié de vous dire!

Enfin, à un certain endroit, vous menacez du *déshonneur,* s'ils ne décident pas, comme vous entendez qu'ils le fassent, les représentants de tous les souverains actuels de l'Europe. Combien, Monseigneur, ne donnez-vous pas lieu d'admirer la pénétrante sagacité de ce grand philosophe que j'ai si souvent cité! Au chapitre vi du livre iv de l'*Esprit des lois,* Montesquieu dit de la religion catholique: « *qu'elle humilie bien plus ceux qui l'écoutent que ceux qui la prêchent.* » Et en effet, ne vous voyons-nous pas, un siècle après lui, prêcher l'humilité: et, cependant, quel n'est pas votre orgueil! Qui donc voudrait habiter votre diocèse, si le préfet, le général de division, le premier président, étant vos subordonnés, il dépendait de vous d'y établir ce que vous appelez l'ordre divin? L'ordre *divin!* Cet encens qui, à votre commandement, brûle en l'honneur du Dieu que vous représentez, vous a tourné la tête: vous l'avez pris pour vous!

V

Le clergé cessera d'être ultramontain, quand on le forcera de s'élever dans les sciences.

La pensée qui sert de titre à ce chapitre n'est pas de moi, mais je la crois exacte, et susceptible pour tout le monde d'une très-facile vérification. Il y a actuellement, je le sais, parmi le clergé une tendance générale à l'ultramontanisme; mais que chacun voie si, parmi les prêtres qu'il connaît, ceux qu'il juge les plus éclairés, les plus capables, les mieux intentionnés, ne sont pas aussi les moins ultramontains.

Et non-seulement je crois qu'il est exact de dire que plus le clergé s'élèvera dans les sciences, moins il sera ultramontain, mais je crois aussi que c'est là un point d'une extrême importance, et très-digne, à ce double titre, d'être étudié et approfondi.

Il est d'abord évident, puis-je dire, que, non pas seulement la charité et la tolérance, mais aussi l'instruction, la science des différents clergés, intéressent au plus haut degré tous les membres de la société, qu'ils soient d'ailleurs alliés ou loyaux adversaires. Les Pères de l'Église, comprenant l'extrême intérêt qu'il y avait à l'instruction supérieure du clergé, ont répété à satiété que les évêques, naturellement choisis parmi les prêtres les plus capables, les plus distingués, devaient être la *lumière du monde;* et effectivement, pendant longtemps, pendant tout le moyen âge, il en a été ainsi. Est-ce ce qui a lieu aujourd'hui? Qui oserait le dire? J'ai sous les yeux la liste des membres de l'Académie des sciences, de l'Académie des inscriptions et belles-lettres, de l'Académie des sciences morales et politiques, et, je ne sais s'il m'en échappe, mais je n'y vois aucun prêtre. Dans tout l'Institut, il n'y en a qu'un; et c'est justement Mgr Dupanloup, nommé, en 1854, à l'*Académie française*, immédiatement, je crois, après Alfred de Musset, qui avait, sans doute, sur le pouvoir temporel du pape de bien autres idées que Mgr l'évêque d'Orléans et M. Villemain, son collègue.

Non-seulement les évêques ne sont pas actuellement la lumière du monde, mais il est bien facile, par le seul examen de ce qui se passe, de s'expliquer comment il se fait que l'instruction du clergé soit si en arrière des connaissances générales qui résultent de l'instruction particulière nécessaire à la vie pratique. En effet, à part quelques exceptions peu nombreuses, les membres les plus actifs, les plus éclairés, les plus importants, de la société française, ont puisé leur instruction à l'une ou l'autre de ces trois sources : l'École polytechnique, les Facultés de médecine, les Facultés de droit : établissements qui sont loin, d'ailleurs, d'avoir le même degré d'importance, d'efficacité.

Quelque critique que comporte l'instruction qui est donnée à l'École polytechnique et le régime qui y est adopté, toujours est-il que les connaissances que l'on y acquiert : en mathématiques, en astronomie, en physique et en chimie, font plus ou moins connaître le monde matériel et les *lois* qui le régissent.

L'instruction plus libre, plus lente, plus coûteuse des Facultés de médecine, est aussi généralement plus ferme, plus sûre, plus solidement établie dans l'esprit; et en faisant connaître l'homme, elle apprend, dans une certaine mesure, les *lois générales* de l'organisation et de la vie.

Enfin, dans les Facultés de droit, l'on étudie, tant bien que mal, l'organisation et la réglementation, passées et présentes, des relations sociales, d'où résulte donc une certaine connaissance des nécessités et des conditions de l'existence sociale.

Ces divers établissements : l'École polytechnique, les Facultés de médecine et les Facultés de droit, sont entre eux sans liens, sans rapports, et, généralement, on ne voit pas qu'ils en puissent avoir. C'est qu'en effet ils ne résultent pas d'une conception, d'un plan systématique, mais qu'ils sont nés spontanément, et par suite des besoins, des nécessités de la pratique. Mais la philosophie rend parfaitement compte de leur existence et du rôle qu'ils jouent. En effet, il est évident qu'il y a ces trois choses à connaître : le monde inorganique; le monde organique se résumant dans l'homme; enfin l'existence sociale, c'est-à-dire, ses nécessités, ses conditions, son passé, son état actuel et son avenir, qu'il n'est pas, tant s'en faut, impossible de pénétrer. Tels sont les trois grands objets des études, des investigations humaines, qui sont proprement trois chefs sous lesquels, par la nature des choses, doivent nécessairement se ranger toutes les spéculations théoriques devant guider l'activité pratique.

Ces considérations, que la nature de cette publication m'oblige à tant restreindre, peuvent suffire, ce me semble, à faire quelque peu comprendre cette consécration que tous les développements de l'existence sociale viennent apporter aux *sciences*, et à la *science*, peut-on dire, qui se trouve être ainsi l'élément fondamental et *caractéristique* des sociétés modernes.

En exceptant quelques établissements tout à fait spéciaux, et surtout un établissement scientifique d'une haute importance, et qui a parfaitement sa raison d'être, le Muséum d'histoire naturelle, où sont étudiés, non plus les différents ordres de *phénomènes*, mais tous les *êtres* ; il n'y a donc, en dehors de l'École polytechnique, des Facultés de médecine et des Facultés de droit, rien d'important ; et, en dehors des sciences qui s'y enseignent, rien de *réel*. Qui, en effet, regarde comme tel, au jour où nous sommes, une vaine métaphysique, dont, à vrai dire, personne ne s'inquiète, qui ne sert à rien, et qui n'est susceptible d'aucune application ?

Or, revenant au clergé, il est évident qu'il n'a aucune idée de ce qui se fait, se dit, s'enseigne dans les établissements de haute instruction dont je viens de parler ; et qu'il ne soupçonne même pas qu'il résulte, de l'instruction particulière qui s'y donne, une instruction générale très-supérieure à la sienne. Est-il alors étonnant qu'il n'ait aucune autorité auprès de l'*immense majorité* des hommes qui y ont puisé leur instruction, et qui forment évidemment la partie éclairée de la nation ?

Comme confirmation de ce qui précède, la brochure de Mgr Dupanloup vient, avec infiniment d'à-propos, prouver à quel point les plus hauts dignitaires du clergé sont étrangers à la science, et les déplorables conséquences qui en résultent.

« Certes, dit M. l'évêque d'Orléans (page 12), ce n'est pas par entêtement de dévot que je dis ces choses : Voltaire et M. de Chateaubriand les ont dites avant moi : *L'Europe doit au Saint-Siége sa civilisation, une partie de ses meilleures lois, et presque toutes ses sciences et ses arts.* Vous l'avez dit vous-même ailleurs : mais le oui et le non vous gênent peu. »

Ceci, Monseigneur, ne prouve qu'une chose : c'est que vous ne comprenez même pas le débat, le point en litige. Et, cependant, la citation même dont vous vous servez est très-propre à le mettre en évidence. Voltaire a dit cela, et néanmoins Voltaire était un adversaire ardent et convaincu des dogmes catholiques. Mais c'était Voltaire ! Voltaire, Monseigneur, était par ses facultés intellectuelles, sinon philosophiques du moins esthétiques, un homme de génie ; et, quant à sa valeur morale, voici ce que Condorcet écrivait, à ce sujet, à Turgot, leur ami commun : « Et, quoi qu'on en puisse dire, si la vertu consiste à faire du bien et à aimer l'humanité avec passion, quel homme a eu plus de vertu ? » (*Œuvres de Condorcet*, t. I, p. 247). Voltaire, Condorcet, Turgot, voilà, Monseigneur, trois grands hommes, trois hommes de génie, trois noms que la postérité a consacrés (celui du dernier, de Turgot, a été donné à l'un des pavillons du nouveau Louvre). Ces trois grands hommes s'aimaient passionnément et s'estimaient autant qu'ils s'aimaient ; et cependant ils ne sont, ils ne doivent être pour vous, d'après vos principes et vos sentiments, que des révolutionnaires et des impies.

Quoi qu'il en soit, comme Voltaire et Chateaubriand, tout le monde reconnaît que le catholicisme et le Saint-Siége ont été *momentanément* favorables au mouvement, au progrès intellectuel. Mais, quoique beaucoup n'osent pas le dire parce que le clergé est puissant et redoutable, un très-grand nombre est persuadé (et toute la question est de savoir si c'est à tort) que le catholicisme et le Saint-Siége apportent *maintenant*, aux progrès qui restent à faire, des obstacles qui seraient dirimants, si le clergé parvenait, comme il le voudrait, à être tout-puissant.

Je m'efforce, Monseigneur, d'être aussi clair et aussi franc que possible : j'espère que vous penserez que ce n'est pas sans succès.

« En quoi, dites-vous, l'inflexibilité du dogme nuit-elle à la science ? »

Quoi de plus propre que cette question à prouver que les évêques doivent être au courant de la science ; et quel intérêt, quelle nécessité il y a à les *forcer* de s'élever dans les sciences ?

Si l'inflexibilité du dogme nuit à la science, cela vient sans doute de ce que celle-ci prouve, *à ceux qui la savent*, des choses contraires au dogme, ou incompatibles avec lui. Et, comment pouvez-vous savoir ce qui en est, comment peut-il être possible de vous l'expliquer, si vous ne savez pas le premier mot des sciences? Or, votre brochure prouve qu'il en est ainsi, comme je le montrerai tout à l'heure. Et le profit, Monseigneur, que vous pourriez tirer des lignes suivantes de Condorcet, m'engage à les citer : « Le théologien (titre que prenait l'auteur d'un écrit anonyme) parle des sciences en homme qui a bien lu la préface des bons livres. Je voudrais que tous les littérateurs en fissent autant; ils perdent par leur ignorance une source de grandes beautés, ou ils s'exposent à dire des choses ridicules. » (*Œuvres de Condorcet*, tom. 1, p. 243. — Correspondance entre Turgot et Condorcet.)

Et que doit penser le public quand il voit des hommes qui, non-seulement sont au courant de la science, mais qui l'ont fait avancer, qui ont fait des découvertes, comme par exemple Alexandre de Humboldt et Arago; quand il voit de tels hommes, dis-je, croire et même écrire, bien qu'avec prudence et réserve, que les vérités scientifiques sont, contrairement à vos dires, incompatibles avec les dogmes catholiques? Quant à la prudence qu'ils mettent à l'écrire, l'explication en est facile : beaucoup de savants sont comme vous, Monseigneur, aimant la vérité, mais peu le martyre; et, je l'ai déjà dit, le clergé, le parti catholique est puissant et redoutable; peut-être pas tant qu'il croit l'être, mais enfin il l'est. Au reste, si les savants ne disent pas tout ce qu'ils pensent, ils en disent généralement assez pour que ce soit aisé à deviner, quand on tient à le savoir. Je vous ai parlé d'Arago : c'était effectivement la plus grande célébrité scientifique de nos jours, et, parmi les savants, l'un des plus hardis. La plupart de ses découvertes sont dans tous les traités de physique, et il a écrit bien des choses que je ne connais pas. Mais ayez seulement quelques moments entre les mains la publication qu'il a faite, et que j'ai si souvent citée, des œuvres de Condorcet; voyez ce que lui-même y a ajouté, et vous serez parfaitement fixé sur ce qu'il pensait de l'accord entre les vérités scientifiques et les dogmes catholiques.

J'ai dit, Monseigneur, que votre brochure prouvait que vous n'aviez aucune idée de la science, ni des sciences. En effet, à propos des progrès industriels, vous écrivez : « Heureusement d'autres nations catholiques devançaient ici, égalaient *du moins* l'Angleterre, en sorte que ce bel argument était réfuté avant de naître. » Et ce qui suit prouve que telle est aussi votre croyance relativement aux progrès scientifiques.

Ce *du moins* que j'ai souligné prouve bien quelque préoccupation, et une certaine connaissance ; mais par trop incomplète, en vérité, et le fait avancé n'en reste pas moins parfaitement inexact.

Il y a d'abord, entre le progrès industriel et le progrès scientifique une solidarité que vous ne soupçonnez pas, et qui est tellement étroite, que ce qui entrave l'un entrave l'autre, et réciproquement. Les grandes découvertes scientifiques et industrielles, qui font la gloire et l'originalité des temps modernes, ont donc marché de pair ; et elles sont essentiellement dues : à l'Angleterre, pays protestant ; à la France où, depuis près de deux siècles, tous les grands hommes sont les adversaires du clergé plus ou moins déclarés (et la question est précisément de savoir si, dans l'avenir, il en sera de même ou autrement) ; et enfin à la partie protestante de l'Allemagne. Quant aux nations catholiques, comme l'Autriche, l'Italie, l'Espagne, elles n'ont pris à ces découvertes, à partir de Galilée, qu'une part nulle, ou comparativement très-faible. Voilà, Monseigneur, ce que vous sauriez si vous aviez seulement lu la préface, la partie amusante des bons livres qui traitent de la science : c'est là ce qui est à la portée de tout le monde et ce que tout le monde peut savoir, car cela n'exige, pour être appris, ni beaucoup d'efforts, ni beaucoup d'intelligence. Quoi de plus simple que de retenir les noms des grands hommes qui ont fondé la science, leur pays? C'est tellement facile, le résultat de telles informations est si sûr, et le sens en est si clair, que je me crois dispensé de toute indication et de tout commentaire.

Ces considérations et ces exemples prouvent donc combien il y a lieu de forcer le clergé à s'élever dans les sciences.

Mais, j'ai hâte de le dire, c'est aussi difficile que c'est important. Il est bien plus facile de peu faire, de peu travailler, de peu savoir, que de beaucoup travailler, de beaucoup savoir ; et le clergé ne s'élèvera dans les sciences qu'à son corps défendant, que s'il y est forcé. Quelque fort, quelque solidement établi que soit un gouvernement, je crois qu'il y a là une entreprise qui sera au-dessus de ses forces, s'il ne demande à la société un secours qu'elle lui doit, et qu'elle ne manquerait pas alors de lui donner. Or, ce secours ne peut venir que de la concurrence qu'amènerait une grande liberté, sinon de discussion, du moins d'exposition. Je le crois, ainsi que bien d'autres[1] : l'intérêt bien entendu du gouvernement est de n'avoir pas la prétention de diriger les âmes, de déterminer ce qu'elles doivent croire, mais de laisser, clercs et laïques, exposer publiquement et franchement leurs idées, leurs croyances, leurs doctrines, les résultats de leurs études, de leurs efforts, de leurs méditations. Ce parallèle que le public se trouvera alors à même de faire, cette lutte où la science, le talent, et en réalité la véritable vertu, doivent donner la victoire, sont certainement les seuls stimulants qui puissent forcer le clergé à s'élever dans les sciences. Que les prêtres, que les évêques, qui ont l'aisance assurée et tant de temps disponible, fassent des découvertes scientifiques, et tout le monde alors sera disposé à croire que l'inflexibilité du dogme ne nuit pas à la science : mais jusque-là, et non sans bonnes raisons, au moins apparentes, bien des gens croiront le contraire.

[1] Les croyances théologiques (dit M. Littré, membre de l'Institut, de l'Académie impériale de médecine, etc.) étant en opposition, sont en hostilité avec nous. C'est notre condition et nous ne la déclinons pas. Mais ceux que leur situation met plus haut et *oblige* à ne se faire les instruments d'*aucune* doctrine, quelque puissante et quelque respectée qu'elle soit, verront peut-être sans défaveur active une philosophie qui, émanée de la science et de l'histoire, tente de soumettre à une discipline des éléments jusqu'à présent mal disciplinés. Tous les désordres sont solidaires, comme le sont toutes les disciplines. C'est donc essayer de rendre un service social qu'essayer d'amener sous une même croyance *tant d'esprits qui n'en ont aucune*, je veux dire qui n'en ont que d'arbitraires, de subjectives, de fortuites. (*Paroles de Philosophie positive*, page 60).

VI

Grand intérêt du moment et grande création populaire que comporte l'époque.

La fermeté et la nature de mes convictions sont maintenant bien établies, je pense, pour tout lecteur de cette brochure ; mais, j'ai hâte de le dire, elles ne m'empêchent nullement de savoir et de reconnaître que l'accord entre les vérités scientifiques nouvellement acquises, et les dogmes catholiques, a été, et est admis, par des personnes bien plus au courant de la science que Mgr Dupanloup et son auxiliaire M. Villemain, membre de l'Institut., mais non de l'Académie des sciences. L'opinion de personnes vraiment au courant de la science se trouve alors avoir, par suite, une légitime autorité, et mérite d'être prise en sérieuse considération. Mais, d'autre part, comme il est incontestable qu'un très-grand nombre d'hommes supérieurs sont, et ont été d'un avis contraire, il en résulte que la question, quelque fixé que l'on puisse être soi-même, doit être regardée comme douteuse [1], et *in dubiis libertas*. Mais quand une pareille question est posée, c'est-à-dire doit être rangée parmi les douteuses (sous le rapport politique, bien entendu), elle doit l'être, non pas seulement pour des années, mais pour des générations, pour des siècles même, peut-on dire. Et c'est seulement à un avenir suffisamment éloigné qu'il peut appartenir de la décider définitivement, péremptoirement.

Pour hâter l'heureux moment où ce sera, ce qu'il y a à faire évidemment, c'est, dans la mesure de ses forces, de son influence, de contribuer autant que possible à la propagation, à la diffusion de l'instruction scientifique ; et cette vue doit, j'en ai la profonde conviction, rallier tous les hommes de bonne foi et de

---

[1] Ce qui est douteux pour vingt hommes choisis, est douteux pour le genre humain entier. Ceux qui croient qu'en multipliant les voix délibérantes on diminue le doute, connaissent peu l'homme, et n'ont jamais siégé au sein d'un corps délibérant. (*Du pape*, par J. de Maistre).

bonne volonté, tous ceux qui sont convaincus et sincères, tous ceux qui veulent véritablement, non le pouvoir et la domination, mais la liberté, la *vraie* liberté; qu'ils croient ou non, d'ailleurs, à l'accord possible entre les vérités scientifiques et les dogmes catholiques.

Je sais parfaitement que tout le monde ne peut apprendre les sciences, et je suis bien persuadé que, dans l'état actuel de l'humanité, les facultés communes ne le permettent pas. Mais ce que je crois, c'est que tout le monde pourrait et devrait savoir ce qu'est la science, et quel en est l'objet, le rôle, l'importance dans le monde. Je ne puis ici donner de détails, et je me réserve, à la première occasion que j'en aurai, de traiter, avec tous les développements qu'il mérite, cet important sujet; mais ce que je dois dire, c'est que j'ai eu maintes fois l'occasion d'observer les idées les plus inexactes, les plus fausses, et même les plus absurdes, sur la science et tout ce qui la concerne, chez des gens qui n'étaient pas d'ailleurs, tant s'en faut, sans importance par suite de leur position, sans culture, ni même sans intelligence.

Les plus grands obstacles à l'admission de cette idée, que le grand intérêt du moment est la généralisation et l'élévation de l'instruction scientifique, viennent de honteux calculs qu'il est important de dévoiler, et qui émanent surtout de personnes qui, n'ayant pas elles-mêmes de connaissances scientifiques, prétendent cependant à l'autorité intellectuelle. Il y a d'abord une tendance très-commune et très-facile à observer, qui porte à rabaisser autant que possible ce que l'on ignore, à le présenter comme secondaire, de peu d'importance, et, sinon comme une superfluité inutile, du moins comme une connaissance spéciale, non susceptible de conséquences générales. Rien de plus superficiel et de plus faux en ce qui concerne les sciences fondamentales : mathématiques, astronomie, physique, chimie, biologie, qui ne sont, en réalité, que des chapitres de toute véritable philosophie.

Indépendamment de cette tendance que je viens de signaler, une arrière-pensée qui se rencontre fréquemment, qui n'est pas non plus très-difficile à pénétrer, et qui est la véritable explication de la contrariété que fait éprouver à bien des personnes cette idée de répandre, de propager le plus possible l'instruction, c'est que, plus elle sera répandue, plus il sera difficile d'avoir de l'autorité, de l'influence auprès de gens eux-mêmes instruits, et plus il faudra pour cela de supériorité véritable.

Tels sont donc les obstacles qui s'opposent à ce que soit généralement admise cette idée, que le grand intérêt du moment est d'accroître, d'augmenter l'instruction. Mais il suffit cependant d'une considération bien simple pour montrer combien il est vrai que c'est *la science* qui est en réalité, comme je l'ai dit, l'élément essentiel, fondamental, *caractéristique*, de la civilisation et des sociétés modernes. Qui peut croire qu'une véritable découverte en physique et en chimie, par exemple, serait possible à Constantinople? et peut-être même à Rome et à Madrid, où, en tout cas, il ne s'en est guère fait.

Comme exemple des désastreuses conséquences qu'ont eues cette complète ignorance, ou ces grossières méprises sur le rôle de la science, je rappellerai la mort de Lavoisier, et ce qui lui fut répondu, quand ce généreux martyr demanda le temps d'achever une expérience. « La République n'a pas besoin de chimistes, » dirent ces tigres imbéciles. Et qu'on ne croie pas que, relativement à ce que l'on doit penser de la science, il se soit fait, depuis lors, de bien grands progrès. Fouquier-Tainville était un homme de loi et un réactionnaire à sa manière : qu'on voie ce qui se dit, ce qui s'imprime chaque jour, et l'on reconnaîtra combien des idées à peu près aussi absurdes que les siennes sont encore fréquentes.

A l'occasion de cette mort de Lavoisier, je rappellerai ce qu'elle fit dire à Lagrange. Puisse cette amère et profonde réflexion servir à faire comprendre ce qui, de nos jours, est si indignement, si tristement méconnu, et ce qui l'est surtout par ceux-là mêmes que la position qu'ils occupent, que le respect qu'ils se doivent à eux-mêmes, sinon celui qu'ils doivent aux autres, devaient préserver d'une telle aberration. Qui sait maintenant ce que c'est qu'un grand homme, qu'un grand penseur, et le respect que l'on doit à sa mémoire et à tout ce qu'il a cru? Qu'on le remarqué bien, je ne dis pas qu'on doit adopter toutes ses croyances, je dis qu'on doit les respecter, et en tenant compte, évidemment, et de l'âge, et de la santé. Lagrange, le grand géomètre, le grand penseur, était lui-même trop homme de génie pour ne pas savoir ce que c'était et ce que valait un homme de génie ; aussi a-t-il dit à l'occasion de la mort de Lavoisier : « Il ne leur a fallu qu'un moment pour faire tomber cette tête, et *cent* années peut-être ne suffiront pas pour en produire une semblable. »

Ces considérations générales sur la nécessité de répandre et d'élever l'instruction scientifique sont réellement applicables, avec les modifications convenables, à toutes les classes de la société, à tous les degrés de l'instruction, et aussi bien aux hommes qu'aux femmes, dont toute instruction *sérieuse* est si loin de nos idées, de nos mœurs, et, hélas! de leurs désirs à elles-mêmes. Elles ne savent même pas combien il leur importerait de savoir, et ne veulent pas reconnaître les déplorables conséquences de l'état actuel des choses : « Quelle autorité, dit Condorcet, l'ignorance des mères peut-elle laisser à la tendresse maternelle. » Et il a été écrit de nos jours (je laisse à chercher par qui, mais en prévenant que cela vaut la peine d'être trouvé) : qu'une des causes de la supériorité de l'Angleterre venait de ce que l'absence des femmes de la plupart des réunions permettait d'y aborder les questions sérieuses. Voilà encore un sujet bien digne assurément d'être approfondi et longuement traité. Puissent bientôt les circonstances me donner quelque occasion de le faire !

Je sais les modifications qui ont été introduites, en ces derniers temps, dans l'instruction secondaire, et malgré quelques dispositions, quelques mesures, regrettables, selon moi, les progrès accomplis et les difficultés qu'ils ont rencontrées, prouvent combien le gouvernement est, à cet égard, comme à beaucoup d'autres, en avance sur le commun des esprits. Mais c'est surtout l'instruction populaire qui est pour moi le grand point, le point essentiel ; c'est elle dont on s'est le moins occupé, et ce sera la seule dont je traiterai spécialement.

La question de l'extension et de l'élévation de l'instruction populaire est une question que je regarde comme devant être, ainsi que bien d'autres, constamment posée, comme devant préoccuper, à tout jamais, les représentants des intérêts généraux de la société. Dans ma profonde conviction, l'instruction du peuple est la seule base solide sur laquelle puisse s'établir une existence sociale, calme et heureuse : quelques progrès qu'elle ait faits, il y en aura toujours de possibles ; et, sur un tel point, les moindres progrès, le désir même d'en faire, auront constamment une extrême importance.

Et si je pense que, quant à l'amélioration de l'instruction populaire, il y aura toujours à faire, je crois, en outre, que maintenant il y a *énormément* à faire, qu'il y a réellement à fonder, à organiser, à créer, enfin que *c'est là que se trouve la grande création populaire qui, répondant aux meilleures aspirations des masses, les attacherait au gouvernement.*

Je ne puis ici donner de détails, mais je me trouve avoir heureusement sous la main une citation parfaitement propre à faire comprendre et à prouver mon dire. A la page XIV de l'introduction de l'*Histoire de la révolution de* 1848 : « La loi sur l'enseignement primaire, dit, dans une note, Daniel Stern, promulguée sous le ministère de M. Guizot, et si vantée à son apparition, étonne, *par la pauvreté des vues*, quand on la rapproche des livres de Condorcet et des idées émises au sein de la Convention. » (Voir le *Rapport de Lakanal*, 26 juin 1793.)

Et je crois même que ce ne sera pas une digression, dont, en tout cas, on me saurait mauvais gré, que de rapporter en entier l'admirable programme politique qui se trouve à la même page.

« Poser les seuls fondements solides d'une égalité vraie, en mettant en œuvre le vaste système d'éducation nationale dont la Convention avait tracé le plan ; rapprocher ainsi les classes hostiles dans le culte commun de la patrie; relever à ses propres yeux et aux yeux du pays l'existence du travailleur; protéger son enfance, abriter sa vieillesse; encourager, au lieu de les railler, les méditations des hommes de cœur qui cherchaient le remède aux maux effroyables de la concurrence industrielle; glorifier les vertus de la paix comme Napoléon avait glorifié les héroïsmes de la guerre; *témoigner un désir constant et sérieux d'améliorer la condition du peuple et de l'initier à la vie politique*; proposer cette noble entreprise au patriotisme des classes supérieures, les y solliciter par tous les moyens, y convier les hommes d'État, les philosophes, les savants, les artistes; imprimer à la nation tout entière cet élan des conquêtes morales qui l'eût dédommagée de l'éclat perdu des conquêtes guerrières, certes, c'était là une tâche assez haute pour tenter une âme vraiment royale, et pour éterniser un règne dans la mémoire des hommes. »

Ce programme est admirable assurément, et tant pour le fond que pour la forme; mais il n'indique, à proprement parler, que des dispositions, qu'une tendance générale, et pour en venir à l'application, il devient indispensable de compléter, et de préciser. Or, en cherchant ce qu'il peut y avoir de plus important et de plus pressé, tout homme *qui comprend son époque, qui aime le peuple,* trouvera, j'en suis persuadé, que c'est une large et puissante organisation de l'instruction populaire. Et, j'en ai aussi la ferme conviction, je ne dis pas immédiatement, comme pourrait le faire par exemple une grande victoire, mais avec le temps une telle création attacherait profondément le peuple au gouvernement qui la lui donnerait.

A l'appui de cette idée de la nécessité et de l'efficacité de l'instruction du peuple, je rappellerai l'importance qui a été attachée par tous les *grands* esprits, de quelque parti qu'ils aient été : par Bossuet, par Fénelon, par de Maistre, etc., aussi bien que par Leibnitz, par Condorcet, par Carnot, et enfin par les plus éminents publicistes de nos jours, Dunoyer, Stuart Mill, etc. Je ne puis tout rapporter, mais voici quelques citations :

« Comme l'Ecclésiaste (c'est Salomon), dit Bossuet, dans le plus important des ouvrages qu'il a composés pour l'instruction du Dauphin, était très-sage, il a instruit son peuple. » (*Politique tirée de l'Écriture sainte.* — Versailles, 1822. — T. I, p. 249.) De Maistre, en citant le passage suivant des proverbes de Salomon : « La sagesse et l'intelligence des sujets allongent les règnes » (*Du Pape.* — Paris, 1843. — P. 385), appelle cette observation juste et profonde même, mais comportant une application si facile et si satisfaisante, *l'un des plus grands oracles prononcés dans les saintes Écritures.* Enfin, passant à des auteurs plus modernes : « Tout art, dit M. Ch. Dunoyer (*De la liberté du travail.* — Paris, 1845. — T. III, p. 164 et suiv.), n'est que l'application à un certain travail d'un certain ensemble de connaissances... Plus il se mêle d'instruction à la pratique d'un art quelconque, et plus on l'exerce avec élévation, avec désintéressement, avec effusion... Elle (l'instruction) détruit dans les basses classes ce qui les fait le plus invinciblement repousser par les classes élevées; à savoir, la grossièreté, la rudesse; elle élève les hommes en les polissant. Rien, en un mot, ne serait si propre que la culture de l'esprit à faire disparaître l'inégalité d'entre les hommes. » Et, pour dernière citation, je rappellerai le titre suivant de tout un paragraphe du chapitre VII du livre 4e des *Principes d'économie politique*, de J.-S. Mill (traduits par H. Dussard et Courcelle-Seneuil. Paris, 1854; t. II, p. 365): « *Le bien-être à venir des classes laborieuses dépendra surtout de leur culture intellectuelle.* »

Quant à l'objet, au résultat immédiat de l'instruction universelle, il devrait être certainement, et au degré le plus élémentaire, une double acquisition : d'abord, celle de quelques notions scientifiques donnant une idée, un premier aperçu de la réalité, du monde tel qu'il est; instruction qui peut être parfaitement conçue comme se résumant, se condensant, dans une connaissance aussi complète et approfondie qu'il serait possible, de notre admirable système métrique; en second lieu, la connaissance universelle, et l'enseignement systématique à tous, de quelques-uns des événements historiques les plus importants, parmi ceux qui ne sont pas trop éloignés de nous, me semblent aussi absolument nécessaires. Je crois que, contrairement à ce qui se pratique actuellement, l'histoire devrait être enseignée en partant d'événements contemporains, ou à peu près, et en remontant successivement jusqu'aux temps les plus reculés. Ce serait donc une raison de plus, s'ajoutant à tant d'autres, pour enseigner à tous les Français, à tous les enfants du peuple parvenus à un certain âge, les principaux événements de l'histoire contemporaine. Et assurément, créer et organiser un tel enseignement serait, de la part du gouvernement, la plus grande, la plus digne et la plus efficace de toutes les mesures qu'il peut être possible d'opposer aux menées, aux intrigues des partis rétrogrades.

Ai-je besoin d'ajouter que cette instruction devrait être essentiellement laïque? Un gouvernement peut-il s'en remettre à d'autres du soin de former des citoyens? Est-ce aux prêtres à le faire? Que les prêtres catholiques fassent des catholiques; les prêtres protestants, des protestants, etc., mais le *devoir*, plus encore que le droit du gouvernement, est de faire des citoyens et des Français, de vrais Français. Est-ce que des prêtres pourraient parler convenablement de Jemmapes, de Valmy, de Watignies, de Fleurus, de Marengo? Et l'ouvrier, le paysan qui connaitront ces noms-là ne seront-ils pas meilleurs Français

que s'ils les ignorent? Le suprême intérêt du gouvernement n'est-il pas que les générations à venir connaissent les grands événements dont il est sorti, et dont la tradition, indépendamment de tout enseignement systématique, ne pourrait suffire longtemps à perpétuer le souvenir?

A un autre point de vue, une large et puissante organisation de l'instruction populaire est encore une des plus impérieuses nécessités du moment. Il y a maintenant, sous le rapport industriel, non pas seulement de l'émulation, ce qui serait bien, mais une véritable concurrence entre les différentes nations. Or, en industrie, comme dans tout le reste, le *statu quo* ne peut durer longtemps. Le mouvement étant une nécessité, une *loi* de l'existence sociale, il se produit toujours *avec le temps*, mais seulement dans un sens ou dans l'autre; et il y a alors progrès ou décadence. Et plus on approfondira les conditions du progrès industriel, plus on reconnaîtra qu'il est intimement lié à la généralisation et à la diffusion de l'instruction scientifique. Or, la puissance militaire étant maintenant étroitement liée à la puissance industrielle, comme suffirait à le prouver l'état actuel de l'Europe, il y a donc là, peut-on dire, une question de vie et de mort. « Le courage et l'industrie, a dit Carnot dans « son *Traité de la défense des places fortes*, peuvent tout réu- « nis; ne peuvent rien l'un sans l'autre. »

Enfin, à l'appui de cette nécessité de l'instruction populaire, qui est, j'en suis persuadé, le grand besoin et, au fond, le grand désir des masses intelligentes, je citerai encore les paroles suivantes de Napoléon Ier:

« Il n'y a que ceux qui veulent tromper les peuples et gouverner à leur profit, qui peuvent vouloir les retenir dans l'ignorance ; car plus les peuples seront éclairés, plus il y aura de gens convaincus de la nécessité des lois, du besoin de les défendre, et plus la société sera assise, heureuse, prospère; et s'il peut arriver jamais que les lumières soient nuisibles à la multitude, ce ne sera que quand le gouvernement, en hostilité avec les intérêts du peuple, l'acculera dans une position forcée, ou réduira la dernière classe à mourir de misère : car alors il se trouvera plus d'esprit pour se défendre ou devenir criminel. »

Je condamne, autant qu'il est possible de le faire, je l'ai déjà écrit, je le répète ici, la politique de Napoléon Ier, et surtout les guerres insensées de la fin de son règne ; mais, quant aux paroles que je viens de citer, je les trouve admirables. Que celui qui les a prononcées n'a-t-il plus et mieux mis à exécution la grande vue qu'elles indiquent, la politique qui en découle !

Napoléon I*er* était surtout extraordinaire comme homme actif et avide de gloire. Il a fait la guerre parce que, ayant besoin de faire, ce qui est d'ailleurs dans le chef d'un Etat une noble et glorieuse disposition, il avait une confiance absolue dans sa supériorité comme homme de guerre, et que les grandes créations que comportait la paix, bien plus difficiles, il est vrai, à découvrir, à imaginer, que les guerres qu'il a faites, lui échappèrent presque complétement. Et cependant les grands hommes ne manquaient pas autour de lui. Mais son orgueil les lui fit, ou écarter et opprimer même, quand ils ne furent pas serviles, ou tout au moins dédaigner, comme Lagrange avait bien su le voir. Combien aussi les événements ne lui donnèrent-ils pas à regretter d'avoir méconnu Carnot, par exemple !

Mais ce que Napoléon I*er* n'a pas fait, ce qu'il aurait eu toute puissance et toute facilité pour faire, si, je dirai le mot, les lumières ne lui eussent fait défaut, il l'a laissé à faire. Et au premier rang de toutes les créations qu'il a manquées, se place donc, comme je viens de le dire, une large et puissante organisation de l'instruction populaire, instruction donnant une croyance essentiellement nationale, par suite du ressort du pouvoir temporel, *in necessariis unitas*, et qu'il appartiendra aux prêtres des différents cultes, aux différents pouvoirs spirituels qui pourront surgir, d'étendre et de compléter, *in dubiis libertas*.

CONCLUSION

Le désir d'*une partie* du clergé, l'espoir, je ne pense pas, serait donc actuellement de pouvoir parvenir, avec l'aide des ennemis personnels du gouvernement (croyants ou non, peu importe), à le contraindre, malgré sa volonté et les nécessités de sa situation, à imposer par la force, par la violence, par les armes, par l'occupation étrangère, la concentration des pouvoirs temporel et spirituel, à des populations qui, révoltées des abus qu'entraîne *nécessairement* un tel régime, ne veulent plus le supporter. Et pour arriver à une telle fin, des hommes qui se proclament les *seuls* représentants de la morale, paraissent croire tout permis et accepter l'odieuse maxime : la fin justifie les moyens. Ils échoueront, ils échoueront misérablement, et en seront réduits à déplorer amèrement les conséquences qui leur échappent maintenant, et qu'ils verront plus tard de leur déplorable conduite.

Je crois assurément à la puissance de cette partie du clergé qui reconnaît M. Dupanloup pour chef et pour guide; mais je la crois bien moindre cependant que les menaces de la Lettre à un catholique pourraient le faire craindre; et peut-être même cette lettre, malgré son arrogance et l'apparente assurance qui y règne, indique-t-elle au fond plus d'inquiétude que de confiance.

Dans l'état actuel des esprits et de l'instruction en France, le clergé ne peut être cru sur parole, et trouver une confiance aveugle (c'est-à-dire indépendante de toute connaissance et d'un véritable jugement personnel sur la question), que chez une très-petite minorité, essentiellement composée de femmes et des paysans de quelques parties de la France. Quelle est réellement aujourd'hui l'autorité du clergé sur les différents éléments véritablement actifs et importants de la société française?

Quelle est-elle, malgré ses alliances académiques, sur les sociétés savantes; et sur l'Académie des sciences, par exemple, la seule classe de l'Institut réellement importante? Quelle est l'influence du clergé sur les grands corps de l'Etat, sur la magistrature, sur le barreau, sur les grandes administrations et sur l'armée, qui compte environ quinze mille officiers, inégalement instruits sans doute, mais dont aucun n'est sans instruction? Je sais très-bien qu'il y a en France un certain nombre de propriétaires généralement oisifs, qui sont, par position, par tradition, les auxiliaires de toute politique rétrograde; mais qui ne sait aussi combien est nulle l'influence politique du clergé sur la masse des gens qui travaillent, qui produisent, sur les industriels de tous degrés, sur les ouvriers, et même sur les paysans dans la plus grande partie de la France. Et cette alliance avec les anciens personnages politiques, dont le scepticisme et l'incrédulité sont notoires, et qui sont si justement et si profondément antipathiques au peuple, *qu'ils aiment comme ils aiment la liberté;* cette alliance, dis-je, n'est-elle pas admirablement propre à montrer combien il est exact de dire que ce n'est là qu'une question politique sous un masque religieux?

Cette partie du clergé qui maintenant s'agite et se remue est assurément bien plus préoccupée, malgré ses dires, de ce monde que de l'autre. Elle échouera, j'en ai la ferme conviction, dans le dessein qu'elle poursuit, qu'elle dit *pieux*, et que je crois *coupable*. Mais l'Empereur Napoléon III ayant déclaré sa position difficile, elle a dû naturellement attirer l'attention de tous ceux qui pensent et qui s'intéressent aux affaires de leur temps et de leur pays. Pour hâter, pour assurer la solution de toutes les difficultés du moment, voici alors ce qu'il y aurait, selon moi, de plus à propos et de plus efficace.

Ce serait d'en appeler au pays, en lui laissant tout le temps nécessaire pour étudier, pour bien connaitre la question et ne porter son jugement qu'en parfaite connaissance de cause. C'est l'opinion, a-t-il été dit, qui, à l'époque de civilisation où nous sommes parvenus, remporte toujours les dernières victoires : qu'on la charge donc de décider!

Qui parlera pour elle? demandera-t-on. Je reconnais qu'il peut y avoir là une certaine difficulté. L'expérience et le raisonnement m'ont également appris que des institutions en apparence très-raisonnablement imaginées pour représenter l'opinion, le faisaient cependant d'une manière très-imparfaite, et, dans certaines circonstances, devaient presque infailliblement le faire à contre-sens. Ainsi, dans la situation actuelle de la France, je crois que le seul rôle utile et efficace d'une assemblée ne peut guère consister que dans un contrôle financier, et qu'il n'y a réellement lieu ni d'en attendre, ni de lui demander, un véritable concours, une sanction réelle. La sanction, la consécration de la politique adoptée, c'est, selon moi, à l'ensemble des dispositions populaires qu'il convient surtout de la demander, et, avec tous les moyens d'informations qui sont à sa disposition, un gouvernement clairvoyant et bien intentionné ne pourra certes se méprendre.

En appelant au jugement de tous, ou du plus grand nombre possible, il devient alors nécessaire de le mettre à même d'étudier, de connaître la question. Tout en conservant les points essentiels du régime auquel est actuellement soumise la presse, régime qui maintient la discussion dans des limites, fort reculées assurément, de convenance et de modération, ce qu'il y aurait alors à faire, ce serait de diminuer, le plus possible, les charges fiscales qui pèsent sur les journaux, par exemple, de manière à leur permettre d'abaisser leur prix. Le peuple, les ouvriers suivent les affaires politiques avec infiniment plus d'intérêt et de sagacité qu'on ne le croit généralement; ces impôts sur les journaux, sur les brochures même, sont une véritable entrave apportée à la participation à la vie politique; et quelle inconséquence dans une monarchie démocratique, et sous un régime fondé sur le suffrage universel!

La mesure que je propose serait, j'en suis persuadé, féconde en conséquences d'une haute portée. Et en disant bien franchement l'esprit et le but, le peuple, se voyant ainsi relevé à ses propres yeux et à ceux du pays, en serait, cela me paraît certain, profondément touché et reconnaissant. Et se ralliant alors de plus en plus au gouvernement et à l'ordre, il en serait plus heureux et mieux réconcilié avec sa position, ce qui est la condition essentielle d'une tranquillité assurée et stable. Comme l'a dit une femme de génie, Sophie Germain, à la fois géomètre et profond philosophe : « Les Etats gouvernés sans égard aux tendances sociales conservent la tranquillité intérieure tant qu'aucun événement ne vient agiter les esprits; mais la plus légère circonstance suffit pour ébranler la société dans ses fondements. » (*Considérations générales sur l'état des sciences et des lettres.* — Paris, 1833, p. 69.)

A un autre point de vue, je crois qu'il est nécessaire, urgent même, de faciliter des discussions qui, sous un gouvernement fort, comme l'est assurément le gouvernement actuel de la France, ne peuvent jamais donner lieu de craindre que l'ordre matériel en soit troublé. Et je crois que, dans bien des circonstances, l'agitation dans les esprits est non-seulement compatible avec le calme dans la rue, mais encore qu'elle est très-propre à l'assurer. La société française est actuellement profondément divisée : que ceux qui en doutent y regardent de près ! C'est là évidemment un grand malheur et un grand mal. Mais ce mal, je crois qu'on l'aggrave, qu'on l'aggrave considérablement, en s'efforçant de le dissimuler, comme on est maintenant si généralement disposé à le faire : et de là, ces tristes reproches d'hypocrisie qu'actuellement l'on entend de tous côtés. Est-ce en cachant le mal, en s'efforçant d'en détourner l'attention, qu'on peut croire en avancer la guérison et hâter la découverte du remède inconnu qu'il comporte? Pour moi, je crois que c'est tout le contraire qu'il conviendrait de faire, et que, sans chercher à amoindrir ni à exagérer le mal, il faudrait le laisser se montrer tel qu'il est.

Ce qu'il y a à faire pour cela, c'est évidemment de laisser autant de liberté que possible aux relations entre le public et les écrivains des différents partis. Nul doute alors que ceux-ci, stimulés par la concurrence, par l'intérêt des questions soulevées, par le grand nombre de personnes s'en occupant, ne soient ainsi conduits à s'efforcer de grandir constamment en science, en vertu, en véritable moralité. La réussite, la victoire, consistant ici d'abord à attirer l'attention, puis à persuader, à convaincre, à toucher, ceux qui échoueront et qui auront une véritable confiance dans la bonté de leur cause, après, suivant l'usage, s'être plaints du temps, de leurs contemporains, comme n'a pas manqué de le faire Mgr Dupanloup; ceux qui échoueront, dis-je, seront bien forcés de finir par s'en prendre à eux-mêmes, et, bon gré, mal gré, par reconnaître leur insuffisance, au moins sous quelque rapport important:

soit science, soit talent, soit vertu, véritable moralité. Pour moi, je ne concevrais pas de plus grande, et je dirai même de plus odieuse inconséquence, que de croire à la bonté de sa cause, et de redouter le grand jour, la publicité, la concurrence.

Qu'on laisse donc le débat actuel suivre son cours, et, j'en ai la profonde conviction : l'enseignement qu'il apportera, au grand avantage du gouvernement et à la confusion de ses adversaires, c'est que la *véritable* liberté est bonne *en Italie comme en France ;* qu'elle est, *en Italie comme en France,* la condition essentielle de tout progrès, et que, résultant de la séparation des pouvoirs temporel et spirituel, elle consiste en France, en Italie, partout, et dans tous les temps comme dans tous les lieux, *non dans le pouvoir de renverser ceux qui gouvernent, afin de prendre leur place,* mais, ainsi que le proclamait, que l'enseignait, que l'apprenait au monde le grand Frédéric, dans la faculté de *raisonner*, tant que l'on veut et sur quoi l'on veut, et d'*exposer* aux autres ses raisonnements et leurs résultats. « Le silence est la plus grande persécution, » a dit Pascal, qui, cependant, ne voulait être ni député, ni ministre. Et, a dit Kant : « que les rois, ou les peuples-rois, ne souffrent pas que la classe des philosophes soit réduite à disparaître ou à garder le silence ; qu'ils lui permettent au contraire de se faire entendre librement : c'est ce qu'*exige* l'administration du gouvernement, qui ne saurait s'environner d'assez de lumières. »

www.ingramcontent.com/pod-product-compliance
Lightning Source LLC
Chambersburg PA
CBHW070714050426
42451CB00008B/636